La Colección Vitrales de Alejandría acepta la convivencia armoniosa de las diferentes estéticas tal como el vitral reúne los muchos colores o las arenas múltiples, la clepsidra; con respeto y aceptación de todas las formas poéticas.

Bellas ficciones

YOLANDA PANTIN

(Caracas, 1954)

Estudió Letras en la UCAB. Ha publicado *Casa o lobo* (1981), *Correo del corazón* (1985), *La canción fría* (1989), *Poemas del escritor* (1989), *El cielo de París* (1989), *Les Bas Sentiments* (París, Fourbis, 1992), *Los bajos sentimientos* (1993), *La quietud* (1998), *Enemiga mía. Selección poética 1981-1997* (Madrid: Iberoamericana, 1998), *El hueso pélvico* (2002), *Poemas huérfanos* (2002), *La épica del padre* (2002), *País.* (2007), *21 caballos* (2011), *País. Poesía reunida 1981-2011* (Madrid: Pre-textos, 2014). En 1989 recibió en Caracas el Premio Fundarte de Poesía. Fue becaria de la Fundación Rockefeller en Bellagio Study Center. En 2004 recibió la Beca Guggenheim. En 2015 le fue otorgado el Premio Poetas del Mundo Latino "Víctor Sandoval" (México) por su trayectoria literaria.

Yolanda Pantin
Bellas
FICCIONES

Editorial Eclepsidra
COLECCIÓN VITRALES DE ALEJANDRÍA

POESÍA

EDITORIAL ECLEPSIDRA
Carmen Verde Arocha, Directora General.
Luis Gerardo Mármol, Director Asociado.

COLECCIÓN VITRALES DE ALEJANDRÍA
POESÍA

Bellas FICCIONES
1ª edición, 2016
© Yolanda Pantin
© Editorial Eclepsidra, Asociación Civil
© Fotografía de la autora: Sergio Rosales Medina

COORDINACIÓN Y PRODUCCIÓN EDITORIAL
Carmen Verde Arocha
María Antonieta Flores

ASISTENCIA A LA PRODUCCIÓN EDITORIAL
Rafael González García

DIAGRAMACIÓN Y MONTAJE
Fabiana Schael Medina

Editorial Eclepsidra A.C.
RIF: J-30098908-9
EMAIL: editorialeclepsidra@gmail.com
: Editorial Eclepsidra
TELÉFONOS: 0412.999.34.48 / 0414.244.52.71

Sin la autorización de Editorial Eclepsidra
queda rigurosamente prohibida
la reproducción total de este libro
por cualquier medio o procedimiento,
bajo las sanciones establecidas en las leyes.
Igualmente, queda prohibida la distribución
de ejemplares mediante alquiler.

Hecho el Depósito de Ley
DEPÓSITO LEGAL: lf56520168001626
ISBN: 978-980-6480-68-1

Caracas, 2016

Bellas FICCIONES

¿Y qué va a ser de tus recuerdos, dime?
Eliseo Diego

Has dibujado el mundo en una mentira luminosa.
Antonio Gamoneda

Pórtico

'Esperanza' es esa cosita con
plumas posada en el alma -
y canta un canto sin palabras -
y jamás calla - nada nunca -

*(Fragmento de un poema de Emily Dickinson
que Vero tradujo para Marijí)*

I

Obediencia

¿Por qué nos empeñamos
cada día
en ir contra nosotras
remontando
la corriente de un río
de caudal furioso?

¿Por qué nos atan
sus relatos en la tarde,
cuando llueve, sobre todo,
con un dejo de tristeza,
y nos quedamos pensando,

será cierto...?

El día que salí a cazar gatos

Me encontraba ante el umbral
despierta bajo sombras
dormidas cuando
las cosas fueron apareciendo.

Tenaces depredadores
avanzaron atravesando
restos mudos
de asombro; en su andar,

dejaban atrás espejos
como derrumbes,
sobre la marcha,
escombros.

Hasta la fuente llegaron
de los hechos
donde maléficos
urdieron
magnicidio.

Todo estaba en su sitio,
en el bosque
con nudos amarrados,
pero ellos

por el corredor
continuaron de la muerte
en su adentrar espeso.

De eso también se llenaron.

Desprevenidos

los hallamos en el cobertizo
sobre sus miedos asomados
con la esperanza
de alcanzar el reino
esa única vez.

Lobos

El mundo estaría en sus comienzos
cuando éramos una manada y no
nos habíamos acercado todavía
al círculo del fuego para calentarnos.
Eso fue más tarde.

Mi pelo brillaba, gris y blanco, fino.
Era otro entre las fieras
tras el alfa dominante. Lo seguíamos
a donde fuera por sobre
capas de nieve, adentrándonos
en las marañas como sombras,
o escalando montañas, sibilinos.

No había cuento para niños,
ni leyenda donde no apareciéramos
a la zaga de los recolectores, cazando.
Terror y desprecio sembrábamos.
Todo lo hacíamos en grupo.
No nos cansábamos.

Era un llamamiento.

Primero fueron los dragones.
Luego nosotros. O al revés.
De todo lo ocurrido quedó un trauma
que intentaron los pueblos exorcizar
con historias moralizantes.

¡Cuántas de ellas,
cuánta fría venganza!

Algunos de nosotros nos acomodamos
luego con las bestias cubiertas de pelos
que se dicen humanas
a lamer los huesos que nos tiraban.

Y nosotros, hechizados,
nos hicimos presas de sus desafectos.

Canis lupus familiaris.

¡Perro! dicen los palurdos
como un insulto a cualquiera.
¡Perros! Si supieran…

Ocurriría en cualquier momento. Una mirada.
¡Zaz! Y el lobo hambriento.

Terror

Anoche, mientras veíamos la tele,
entró una sombra que dejó en suspenso
el argumento de la serie, la urdimbre
de su confusa trama.

Clareaba el día en las ventanas
pero el miedo se sostuvo con alfileres
igual a como hace un entomólogo
con los objetos de sus colecciones.

Fantasmas

Desandar los pasos

para regresar a los lugares
que nos conocieron
con sus rectas esquinas
y sus cosas, sin desear
otra cosa que no sea
el deseo de regresar.

Pasar al otro lado
de la reja que separa
a esta casa de la calle.

Sin miedo

subir las escaleras
y una vez que nos reciben,

entrar.

(a Elena)

Vampiros

Cada vez que el tiempo nos fustiga
ellos vuelven con sus cartas melancólicas.

Ahítos de sangre
sobrevuelan nuestras casas
cuando caen las noches y leemos
nuestras letras de cambio
con sus líneas en un bosque
de bruces.

Ellos vuelven
cuando son convocados
a nuestras mesas vacías
por nuestras frustraciones.

Entonces, llega el fulano
para ofrecernos la inmortalidad.

Vaqueros

¿Cuántas veces no escuchamos
los cuentos de aquel hombre
que bajó de las montañas
a mula con sus peones,
y barrió los patios con arengas
hasta el día que llegó a la capital
con sus banderas al viento
bermejas
sobre un brioso
caballito criollo?

Sombra

Igual a un perro tras mis huesos va mi sombra
recorriendo los senderos que zanjé con un machete
como quien busca adentro para abrir un cauce.

Va detrás mi sombra y yo, de tonta, preocupada
por el jadeo de su respiración.

Rewind

Como una insensata que interroga su suerte,
vuelvo obcecada al país de Turmero.
Cuadro por cuadro devuelvo la cinta
para ver a mis padres, ancianos, sentados,
buscando respuestas en los noticieros.

Arraigo

País mi casa
País mi sitio
País mi cuarto
País la luz
País infancia
País sendero
País cerritos
País el cielo
País las nubes
País el fresco
País samán
País zaguán
País enero
País febrero
País caballos
En los potreros
País *arditas*
País Turmero
País los gatos
También los perros
Chacao
País niñitos
País pañitos
País verdor
País polvero
El mes de mayo
Cruce de ríos
Palo de agua
Aguacero

País acequia
País en flor
Perdón
Puente de Paya
Casa de tapias
Enrejada
Encrucijada
Cuando iba a Cagua
O a San Mateo
País pasado
País presente
País futuro
En mis sueños
Atormentados
País nacido
Bendito seas
País pequeño
País penar
País pensar
País mis muertos
En un altar

(a Lisbeth)

Vasija

Todo lo que está contenido
en la ronda de los años se derrama.
Así, como el cuento del niño,
bien valdría, con las puras imágenes
no dormir, y salvarlas.

Niebla

Un resto en la mirada
busca brillo en las cosas
de la mudanza.

Sobre los vidrios
vaciados de los marcos
puestos en cajas,

se refleja la luz que llega
por las rendijas
velada.

Resaca

Irse apagando del cuerpo
en sucesivas olas, los recuerdos,
que algo como el mar se lleva
a sus adentros.

Piedad

No podemos sostenernos.

No tenemos la fuerza que movía
como un molino la culpa
hasta el día que nos perdonamos.

No quedó de aquel tiempo
un hueso sano pero como la miel,
resumió el amor por encima del daño.

De tu vida quedó una niebla sin historia,
y de la mía, al entregarme: todo y nada.

Álbum

¡Mira! ¡Parece que nos llamaran
a voces los retratos!

Altar

Están los que se fueron
con sus cosas de esta vida.

Soñadores,
bucaneros, esclavistas,

todos ellos, severos,
como urnas, religiosos,
puntuales, puntillosos,
en sus marcos, altaneros.
Julián. Con sus huesos
en veleros, por las islas,
van sembrando, todavía,
su heredad.

Tantos nombres y tropiezos,
como fueron, en fortuna
sus haciendas
extendidas, en los valles,
sobre el mar.

Es mi círculo sombrío,
familiar. Son mis muertos,
y a sus líneas yo me debo,

las que dictan en mis sueños,
sus señuelos, cuando paso y
me detengo, y piden agua
y piden fuego, les converso,

los sosiego y a los ojos
nos miramos sin hablar.

Son de ellos mis secretos
sus motivos más profundos.

Ellos son los compasivos,
mis ancestros, los que escuchan
cuanto digo sin juzgar.

Así paso y me doy tiempo. Consolada
sigo hasta mi cuarto, enciendo la tele
y me dejo llevar.

Sedimento

Todo lo que se asienta ya tranquilo
como un buen tequila,
reposado,

lo que hemos escuchado,
los cuentos, las novelas que leímos
desvelados, los poemas que se abrieron
como un cuerpo, todo

lo que nuestros ojos vieron
al abrirse de golpe
los paisajes.

Los caballos que nos condujeron
bellamente enjaezados,

los países, las ciudades
que morosos recorrimos
asombrados.

La hondura de los cauces
cuando crecen
los ríos desbordados,
y en la orilla nos dejan,

si los vemos,
sus mensajes.

Lo que dice el mar
cuando escuchamos.

Todos estos anaqueles
con los libros que adoramos
y pacientes con sus líneas
nos marcaron. Todo hallazgo,

poesía, con tan hondas
verdades, está en un poso
amalgamado con los restos
que quedaron.

Pero siendo que es tan mío
lo que dices, es también

de todos
y es de nadie.

Bellas ficciones

Nunca te conocí, pueblo mío,
aunque siempre tuve a bien
tus existencias.

Al asombro
total, en la extrañeza,
yo renazco

entre la farmacia
y la ferretería
que cubren sin saberlo
a mi casa pequeña.

Amanecer

Recogía los pedazos que dejó otra noche en mi sueño cuando me sorprendió la luz victoriosa.

6 a.m.

Quitar el pesado aldabón
que cruza la puerta
desde arriba y del cuarto
salir en la mañana,
para ver a contraluz
hacia el jardín donde empieza
la rutina de mis padres.

Mamá con su saquito,
mi papá en su lugar vigila
que le pongan a los perros
su comida
repartida en dos platos,

lo mismo a los pericos,
el riego de las matas,
el acoso de los gatos,

y el momento
cuando abre la reja
San
Tiago de Paya.

Plenitud

Vendrán otros tiempos
pastores
de manto negro, tiempos
mejores.

Ahora, yo les digo,
como antes
le dije a los caballos:

Si no regresan,
ya ustedes
en belleza fueron.

(a Mirra y a Sultán)

Recado

Querida alma gemela:

—¿Cómo amaneció el jardín?
¿Sembraron las rastreras lilas?
Recuérdale a nuestra madre
las maticas que caerán
como cascadas
del tocón tiznado. ¡Adiós! Pero antes
dame noticias de las lámparas,
si pudiste armarlas como querías,
y si estás donde te inclinas
bajo su luz en la mesa
para escribir estas líneas.

La raíz

Esta casa se hizo con los años
al seguir un orden y ese orden
no es estético. Todo apunta al hueso:
Ha muerto en mí lo literario.

Vuelvo al comienzo
de esta historia
cuando niña
se hizo la luz
al lado de mi madre.

Ella dispuso de una casa
orientada al Este

y los muebles enseguida
fueron caminando
y los cuadros con los adornos
y las piedras
hasta encontrar su sitio.

Con la casa se hizo el jardín:
Once azahares de la India. Los hijos
aquí nos encontramos.

Y cuando el tiempo
desordene naturalmente
el cabello repeinado
de los niños,

y los mismos azahares
se ofrezcan,

nosotros volveremos a empezar
desde la raíz.

Amor

La verdad es ésta. No

tiene prisa, aprieta
los nudos. El amor
no teme, lo que sea

empuja, abre
y cierra las puertas.
Padres míos hermanos,

fortalecidos por sus fragilidades.

(a Santos)

Ceremonia

Lo que amamos ya es recuerdo,
y esta casa aunque está viva
es su fantasma.

Todo ese mundo de materia orgánica
y flores sobre las mesas
en el orquidiario,
y los planteamientos
con sus detallados dibujos;
las ideas de mis padres
cimentadas

sobre la piedra que llamamos
'del indio'.
El camino de la entrada
hasta el lugar
donde arderán los papeles
que fueron
para esa futura ceremonia

con tantísimo amor
guardados.

II

Turmerusa

Entré en la librería
para comprar
Cecilia y otros poemas

y a cambio,
porque soy fiel
a mis vicios,
pedí *Terror y Utopía*.

Me puse a dar vueltas
por los pasillos
con el asombro de quien
llega del campo,
Turmerusa.

Me fijé en una edición
purísima del ensayo
sobre el amor
de Lenin

pero ya lo había leído
en la práctica. Abrumada
por la pena, umbría
casi,

pregunté por algún estudio
que tratara
sobre la relación
entre el lenguaje animal
y el lenguaje humano.

Estaba sopesando
una opción, cuando los ojos
me condujeron
a C. S. Lewis.

El recuerdo de otro título
del escritor piadoso
me llevó naturalmente
a la teología. Daba saltos

de un autor a otro,
de una rama de las ciencias
y del saber a la siguiente,

en una euforia de ignorancia
tan llamativa
que tuve que aclararle la razón
al librero:

—Soy una persona que escribe en versos
cuando puede.

Estos años

En estos años aprendimos
a extrañar los paisajes, a pasar
las páginas de los libros sin leerlos,
a no tener tiempo, en la premura,
de recoger la casa.

Dejamos atrás la juventud, la confianza
en la poesía (que nunca tuvimos), pero
algo que no sabemos todavía
nos amarra al cuerpo.

Valor

Tengo el arrojo de un pollo
o de un roedor atado a su parcela.
Camino y bajo la cabeza
por temor a pisar algo (una piedra,
una concha de mango).

La inmensidad me agobia.
No puedo pensar en las estrellas.
Puedo verlas recortadas
en el cuaderno de un niño.

Constelaciones como si fueran matas
cargadas de rosas, hemisferios
alzados a capella, líneas
de tiempo perdido.

Todo sigue una lógica
en el estudio del cielo.

Me marean las tinieblas,
pero la densidad del negro
en el papel es bella.

Ventisca

En mi otra vida yo era nómada.

No había oscuridad que se resistiera
a los ojos de los animales que nos llevaban
por aquellos parajes derramando
su líquida cordura.

Ellos veían igual que los ciegos
miran en la claridad, tanteándola.

Nosotros los seguíamos cubiertas las cabezas
de pieles curtidas. Hueso y carne.
Sus frutos nos daban. Y su sangre fresca.

Travesía

Entre nosotras, cuando nos sentamos
a conversar del tiempo que nos traen,
a veces, los mayores, hay un vacío
como un gran espacio habitado por nómadas.

No los escuchamos ni podemos verlos
cuando avanzan entre una pierna y otra
que se mide en granos de arena hirviente.
Pero ellos van llevando en sus camellos

las vituallas con sus cargas, sus rebaños,
para sobrevivir al tiempo, y seguir
y seguir andando.

Amu daria (caballo loco)

Al dejar correr el chorro
para mojar la grama
y abrir cauces con una estaca
sobre la tierra de esta colina dura,

pensé en lo mansa que es el agua
cuando se conduce y van los hilos
entre las parras, por las acequias,
y al pueblo llega, adentro de las casas,
la bondad de la sombra.

También en el nombre del río,
según le dicen, a este cansado
majestuoso caudal
que cambia su curso como un caballo
que ha perdido el juicio, destruye todo

y no puede llegar.

Alimento

Las ascetas ven al mar
con los ojos de los que encuentran
frutos en el desierto.

Ellos no necesitan para vivir
sino levantarse.

Ojos

en procura de la vida interior
para un poema escrito
sin saber.

(a Corina)

Mi derrota

El tiempo de las batallas pasó
o me encuentra cansada.
Sobre todo de la poesía
que entrecomillaba: enemiga
¡tout o absolutamente nada! Ahora,
ni a su constante interrogación
ya por vicio, ni al lenguaje
que afanosa buscaba,
debo 1 bolívar.

Ceguera

Los prejuicios
no me dejaban ver
una rabia
que no alimenta
a la poesía.

White Rock Lake

Perro de agua:

Si te dejaras ver
sería
bajo la luz perfecta.

Estoy sin luz pero no estoy ciega

Algo tan bello como esa *ardita*,
que bajó hasta mi patio, flacuchenta,
y se puso a dar vueltas
para espantar a un gato,
no puede verse sino en la oscuridad.

Pacto

Viendo a una ardilla pensé en los coyotes
cuando una jirafa cruzó por mi mente.

*(Lo que me gusta de los coyotes
es que son un secreto).*

Misiva

Queridas ardillas tejanas:

Releo para entender
la hondura de lo que vivimos

cada uno de los poemas
que esperan, sin apuro,

ser escritos.

La poesía

I

Cuando más lo necesitaba,
ella me dio alas. Yo le entregué
algunas de mis palabras
para que las cuidara.

¿Puedo volver a cuando antes?
Y ella me respondió: Puedes.

¡Qué liberación! Así,
regresé a la infancia
donde están las imágenes
guardadas.

II

Cada vez sé nada de la poesía

Cuando pienso que me ha abandonado
me sorprenden sus engaños.
Ella me conoce. Yo voy confiada
creyendo que la sigo, vamos a decir,
por la margen izquierda del río
justo en la entrada del bosque pero, astuta,
está en la otra orilla, agazapada.
Yo persigo una forma. ¡Ja! Se ríe.
Sigue con tus cuentos infantiles.

El castor

Solo es equiparable el corazón en su oscuridad
a la oscuridad del anhelo místico:
esa pátina que brilla en la superficie del lago
por donde avanza la nariz del castor.

Lo he estado observando. Cuando era adolescente
me atormentaba la pequeñez de mi cabeza de chorlito
pero esta hora no admite pensamientos sino un dejarse ir.

Literales

Lo que hemos escrito
no tiene sentido
si no lo conocemos
desde la primera
hasta la última palabra.

Un poema sigue al otro
en una cadena
de acontecimientos.

No hay motivos clásicos,
ni pretensiones literarias.
Lo nuestro es un apego
apasionado a la letra.

Puede que se encuentre
una lección por allí
y como una liebre
salte y cruce la pradera.

Será casual, lo mismo
que si un ciego va con un bastón

      (toc toc toc)

y algo cruja
parecido a un hueso.

(a Igor)

Insight

Cuando me planto frente a los anaqueles
de los restos de mi biblioteca,
y repaso, ociosa, los lomos de los libros,
me doy cuenta de que tuve una vida plena.

Todavía me asombro de haber leído
esos ejemplares que acumulan polvo,
y no solo de leerlos, les digo: releerlos,
algunos hasta cinco veces. ¡Qué novelas!

Ay, mi Cumbres Borrascosas.

El teatro griego (las tragedias),
lo que pude de Shakespeare hasta quedar ciega,
O´Neill, Chejov, Ibsen, Strindberg, Beckett.
Maestros. No solo ustedes.

No sé qué pensará Virginia
pero comparte espacio, codo a codo,
con una escritora belga.

¿Qué? ¡La eternidad! ¡La leí!
Y Los Archivos del Norte
 igual que Al faro, con la boca abierta.

Podría seguir con el estante encima de mi cabeza,
pero eso será mañana cuando me recupere.

Cientos

—¿Te acuerdas de los cuentos? —Sí, eran cientos
sembrados de espinas. Princesas, espadas,
¿recuerdas?, campos
de rosas sembrados, brujas. —No sigas…
—Estrellas y espinas. Pétalos
a la imaginada noche.

(a Luis)

El guardián

Me va a costar dejarte,
manuscrito.

Dejado de mis temores
quedarás sobre la mesa
junto a un niño
a cargo de tus cuentos.

El guardián velará por mis papeles

hasta el día que regrese
—¡Nunca!—
de donde los príncipes
se hayan enterrados
con sus dragones.

III

Pertenencias

Cada quien encuentra lo que tiene

y entre piedras
que son piedras,
tesoros.

Basta un roce,
al alba
abrir los ojos

para ver llegar
a los caballos
que esperamos

llegaran
con los reyes,
o a los ciervos

que moran en el fondo,
acercarse con sed
hasta la fuente.

Renos

Fue un milagro
verlos pasar
con el trineo
tintineando
por las calles
de aquel pueblo,
y escuchar,
al tiempo:

*White Christmas
by Crosby.*

Tío Feli

¿Qué guardabas de tu vida, qué quisiste salvar?

Todo. Porque todo, si se mira, tiene una historia,
hasta el polvo que supura el desorden
hilvanando los cuartos es un relato
entre maletas descosidas y ropa invernal.

La música, en algún tiempo, hace tanto,
llenaba la casa que es ahora un cascarón
vacío de tu alma y atestado de anhelo
por el tiempo que no regresa.

Pero nosotros seguimos recogiendo
la suma de los años que dejaste amontonar
en bolsas que apilamos unas sobre otras
hasta hacer montañas de recuerdos rotos.

Debajo de las escaleras encontramos unas cajas
y dentro de ellas, lo que creías valioso:
piezas de porcelana que armaban en su conjunto
un paisaje aniñado como si el arte fuera
la representación idealizada de la infancia.
Eran tus tesoros.

Sobre la mesa del antiguo comedor, en ese espacio
que luce ahora sin nada, queda
un Quijote, igual, de porcelana.
Una pieza única dice el certificado
de la casa *Lladró*
pero al mover la caja que la contenía,

escuchamos
un sonido igual al que hace
una copa de cristal
cuando se rompe. Ay.

Al desorden sobrevino el vacío después
de la dura faena de estos días; asombro
por las cosas que pensábamos perdidas
y que encontramos en un desván ruinoso.

Curamos recogiendo las heridas,
fue nuestra tarea
dejar la casa de pesar vacía, limpia.

Tío Leslie

Ver su alma de explorador
cristalizada, la *materia inglesa*,
en un safari por África,
era el sueño de mi tío Leslie.

Aquellas explanadas y
los largos desplazamientos
de las bestias
que traía el invierno
por manadas. Verle

la cara al diablo con las cebras
entre las patas de los leones y
en el último suspiro, gacelas,
la ronda de hienas.

Todo un mundo de portadores
en los campamentos

mientras asaban corderos,
y el colmo del lujo
en las tardes
con los embajadores. ¡Cocteles!

Qué grandes conversadores
eran. No faltaba un detalle.
Guerreros de la tribu Massai
antes de desvanecerse
a la caída del sol, inmóviles.

Milín

Llegó el día menos pensado de tu vida,
el de la gatica coja que llegó a tu casa
hasta que hoy amanece. Le diste cura, cobijo.
A cambio lagartijas trajo heridas para ti,
ratones.

Palabras para otra niña

Hasta los bordes de tu vida
Llevarás tu infancia
 Andrée Chedid

Los seis años que han pasado
ahora que eres grande, Natalia,
son la vida. Comienza para ti
la travesía, ya lo entenderás.
La vida es la infancia. Mira:

Cuando soltaste las manos
del manubrio la primera vez,
el cuarto de mi abuela,
algo del jardín, Chacao,
un gato. El día

que fuimos de Turmero
a Caracas, yo al volante,
y justo después de Paracotos,
impaciente por llegar, preguntabas
después de cada curva, a cada rato:

—¿Dónde queda tu casa?

En el chat

—hola tía yoli.
—hola nati.
—¿haz hecho algo interesante?
—no, puras diligencias. ¿y tú?
—carlota se moja las patas y juega con el agua.
—primera gata que juega con el agua.
—ya sé.

Jeff

Lo que parecía un gorro
con orejas de conejo
era la cola de un pez.

Instantáneas

Ese niño tan particular

o

aquel pequeño que parece una mosca.

Hechizo

Con alados peinados aragüeños
las niñitas
crían leones y los visten de luces.

Domingo José

Ese muchacho que aparece
detrás de sus hermanos

estaba ya en otro sitio.

Graciela

Alzó la mano Tatela
para saludar desde la altura
de un conejo de feria
que ella montaba
como si fuera un caballo.

Un conejo enorme que iba
sin moverse por el parque
con los dulces ojos cerrados.

(a Quele)

Eugenio

¿Qué viste que no veo, hermano,
y avanzo sin ver, confiada?

¿Qué me dice tu imagen
a la orilla de un pozo
de aguas mareadas,
muchacho
hermoso y siempre
sonriendo?

Guillermo

Había una vez un niño que pintaba dragones,
verdes como son, con fumarolas. Él, sin pizca
de temor los enfrentaba, cubierta la cabeza
con un yelmo y armado de flechas y de espadas.

Detallaba las escenas como si las contara: Aquí
subía por el lomo, allá por la cola en el asedio
sin tregua y a mansalva. Solo contra el dragón,
el niño era un ejército —cómo decir…— de hormigas.

En una de las láminas lo veo, atrevido,
caminar sobre la llamarada.

Lejanas

Sobre el techo
de una casa
en el Madrid
de la preguerra
está tu madre

        niña

Veo
que abrió
la capa
como
quien abre
un ala

        presumida

Se veía
tan contenta
con su espada
al cinto

        la espadachina

Y es que
los años
no habían

conmovido
al pozo
de agua

       todavía

Tú estabas
sin haber
nacido
con tu padre
allá, en América

Pero esa es otra historia lejana

Mellizos

I

Cuando yo nací
mi hermano nació primero.

Yo nací después
porque estaba distraído.
Nací contento.

Fueron mis primeras palabras
hacer como si fuera un pájaro.

Mi hermano fue un gran explorador.
Yo observaba y todo
lo veía sonriendo. El

parece dibujado. Yo soy muy alto.
Mi hermano da vueltas en la cuna
sobre mi barriga.

                        Yo canto.

Canto en las mañanas como un pájaro
porque soy feliz.

II

De todas las cosas en la vida
no me gusta la sopa de remolacha.

Me gusta pasar
por debajo de las mesas
donde crece
un bosque de patas.

Por el mismo camino que exploro
va mi hermano, vamos los dos,
cada uno a su modo.

Yo voy con mis cuentos,
leyendo. A veces

cuando algo me llama
al pasar las páginas
me detengo.

Veo todo alrededor.
Así fue como nací,
atento.

Yo digo que soy
como un coyote
en el coyotal,

pero soy un niño
en las patas del bosque,
despierto.

Marijí

Los nombres que te doy
ramita en flor.

Moradas

Vive en su palacio
la princesa de Baruta
y los Palitos,

pero en tiempos sombríos,
Quele vive en Queluz.

Encuentro

Esta mañana escuché venir desde el jardín
la voz ronca de Loqui, y como un hechizo
la vi tendida al sol sobre la grama.

(a AnaT)

La capa

Loqui tenía una amiga
viejita, viejita, que vivía
calle arriba entre los edificios.

Lucía la señora los bigotes
completamente blancos
y como era friolenta,
hiciera frío o hiciera calor,
se arropaba con una cobija
que la cubría entera
hasta las patas.

Se saludaban todos los días,
tres veces al día cuando Loqui
salía a hacer sus *necesidades*.

La viejita se acercaba hasta la reja
barriendo el polvo con su cobija.

Era viejita y gruñona.

—Nos vemos luego, decía Loqui
mientras su amiga regresaba cojeando
hasta la puerta de la casa.

Entonces, parecía un poni
o una reina que llevara una capa.

Tímidos

Sale en las tardes como ido
un vecino que va con un Rottweiler.

Miro la escena y siento alivio.
El perro va despacio, delicado,
con miedo de pisar la grama. Es tímido. El vecino

lo lleva del collar para atajarlo. Despacio,
lo sigue con respeto y, como un niño,
mira lo mismo que el perro va mirando.

Yo digo que son exploradores.

Pequeñas cosas llaman la atención de ambos.
Hojas, insectos y el rastro que dejó, quién sabe,
otro animal asustadizo.

Querido Rex

Te escribo por
cuenta de unos niños.

Perro policía,
los decepcionaste.

No escuchaste sus latidos
ni ellos tus ladridos,
los años que pasaron
solos en el zulo.

Lobita

Alguien la dejó en el basurero
con las sobras de la casa.

Herida, cachorra,
ya grande

ha vivido en un cuento
de niños y de matas.

No conoce otra historia
salvo aquella
remota salvajada.

Es presa de un poema,
ahora
que busca su sentido
roto.

—Soy yo, lobita,
la terca que insiste
en halagarte

              y escribe

y borra y tacha
y vuelve

con las letras de tu vida
a equivocarse.

Shamú

Shamú, no he tenido tiempo.
Los días han ido pasando y tú
sigues dando vueltas dentro
de mi cabeza como en tu piscina.

Se dicen cosas del Mundo Marino
pero yo pienso y pienso, sobre todo,
en la niña que dejaste embelesada
con la ola de tu gran movimiento.

(a Jimena)

Nocturno

De todas las imágenes que me has regalado
para hacerte presente desde Dallas,
guardo aquella de un gato de perfil sentado
mirando, me parece, la distancia.

(a Efraín)

Amateur

Estaba sentada en un murito
contemplando la tarde caraqueña
cuando una gata de ojos amarillos
irrumpió en la escena
sobrada.

Si de líquido metal fueran
sus ojos serían de oro y por eso
quise retratarla. Despacio,
como quien busca un arma,
con cautela,
saqué la cámara de mi bolso.

Click

Cuando pude verla luego en la pantalla,
la gata era un punto fuera de escala.

Misada

> *Ya que así me miráis, miradme al menos*
> Gutierre de Cetina

El primer poema que escribí
fue tu nombre malcriada
gata de mi infancia.

Eras barcina, sin gracia, mala.
Fatada Fichada Molada te llamé
pero ni una foto guardo de ti
bautizada por mi insania.

Dormías a los pies de mi cama,
creo... porque pasa con los años
que trastocan las hazañas.
La verdad, te quise con locura al punto
de darte un nombre de hada.

Era la época de los cuentos,
cuando leía hasta las altas horas.
Desvelada, pasaba las páginas
mientras con ojos vacíos, tú
sin verme, me mirabas.

El jardín

Jime, ahora que estamos sin luz
recuerdo lo que mirábamos
desde el piso 14 del edificio
en la avenida principal de La Urbina.

El jardín del campito de *baseball*
iluminado de noche como el día.

Diamante

¿Cuándo vuelves, Cucu,
para ver a los astros
girar en el terreno?

Adolescencia

El colegio, aquel cuarto
con alfombras, me parece,
Maruja, mayorcita,
tan tremenda y yo tan gafa,
tan alegre mi amiga de la infancia.

El paseo a Charallave. Nelson,
José, Coquito Méndez. La cuadra
que mediaba con las monjas
y la lucha por el ruedo de las faldas.

Expatriados

Me pesa el paisaje chamuscado
en el verano y en invierno la entrada
de las lluvias con los huracanes, las plagas
en las noches que no acaban, los vecinos
con sus trastes en las madrugadas, los niños
que llegan de la escuela
cargados de cuadernos y de risas.

Qué risa. Así era yo cuando pequeño.

Tampoco las isletas
ni los mangos maduros
me apetecen, ni el cielo
estrellado, ni las aguas dulces
del lago con sus vistas que son bellas.

Soy experto en cableados. Regresé
para cuidar los terrenos baldíos
de mis parientes. Vigilo
a los abusivos: no vayan
a montar fiestas.

Probé los frutos de los
árboles prohibidos, pero
pronto me iré de lo que nunca fue
¿o será? el paraíso.

Aguaribay

Me deslumbró su floración
cuando lo vi por primera vez
en San Pedro de Atacama
donde crece el árbol precioso.

Molle, gualeguey, teberinto, curanguay.

Recogí del suelo
un puñado de semillas
que eran a la vista gajos
de cuentas rosadas.

Viajé con ellas y de las muchas
que sembramos en Turmero,
una
ha ido creciendo
en el balcón de Quele.

Trasiego

Turmero. Aquí el tema
es el ir y venir de las matas.

Papá, con su cabeza
ya perdida, dispone:

—¡A la colina! Mientras,

mamá vuelve
con las pencas
a sembrarlas.

Ellos son como soldados
en el campo
de pequeñas rencillas.

Una poda, una lanza,
una sombra

por el jardín,
trasiegan.

Fogata

Acabo de apagar la fogata
que prendió mi papá como un niñito.
Pasé un rato con la manguera
echando agua. Así viene pasando.
Es ley de vida. Prender
y apagar las llamas.

Chispas

Alguna noticia, el pleamar
de la política, lo que sea
que alguien dijo, entonces…

El chispazo que prendió
el motor de un viaje,

una exclamación, un pájaro,
una flor viva, la puerta,
un decir, la hora,
lo que venga y levante
al coro de voces
como en una cantata:

—¿te acuerdas?

Y dentro de ese misterio
que es el pensamiento
vaciado de recuerdos
cuando pasan los loros
a esa hora,

encuentra padre, iluminado,
al "breve animal de breve cola"
que había perdido en su cabeza.

La joya

Era un adorno que colgaba
ostentoso
del llavero de Priscilla:
Un corazón de acrílico, rosado,
que mi padre,
siendo como es
de regreso un niño,
descubrió en el laberinto
de la casa.

Presentación del azul

Eran las 5 de la mañana
porque vi el reloj
cuando abrí los ojos,

y se me presentaron
dos láminas fotográficas.

Yo me quedé
contemplando
aquello.

      En la primera,

un cielo
azul,
limpio
de nubes,
bellísimo,

y contra esa
refulgencia,

la figura
de tu padre
claramente

sentado
en un peñasco,

de blanco,
la camisa,

las manos
sobre
el regazo,
la vista

en el horizonte,
su cabello
castaño,

la mirada
sin anteojos,
esa vez.

Era,
de verdad,
hermoso.

>   La segunda lámina
>   me pareció distinta.

El cielo
con la luz
del araguato

y al pie
de la fotografía

un
pequeño
follaje

donde vi
asomarse

las cabezas
de
dos venados.

En ese momento
abrí los ojos
y eran las 5
de la mañana

cuando
el azul
se me presentó,
y seguí viendo
como en cuerpo
presente

      las imágenes

—recortada
la figura
de tu padre

contra
la bóveda
del cielo,

aparecer
entre
la bruma

los venados.

Edad

¿Qué me despierta en la noche
y me hace saltar de la cama
siguiendo una orden
sin voz pero firme?

Jauría

Me despierta en la noche
la jauría
que va tras el zorro
de otro sueño.

Impulso

Al verlo salir del matorral y huir
hacia los parrales, asustadizo, lo llamé
como quien llama a un cachorro
que se ha perdido, y era yo
a mis años.

Oración

Ay zorrito,
tú que nos miras

con tus ojos entrecerrados,
y con ninguna confianza
puesto que tu ser es por naturaleza
desconfiado, astuto
como tu leyenda lo dice,

sobreviviente de los caballeros ingleses y
así mismo, de los rudos granjeros,
de los tramperos que en las tundras
siguen el rastro de tu piel asombrada.

Arisco, vivaz animalillo de larga cola
y orejas que perciben el menor movimiento,
danos tu sabiduría para permanecer.

(a Sandra)

Índice

Pórtico	11
I	15
Obediencia	17
El día que salí a cazar gatos	18
Lobos	20
Terror	22
Fantasmas	23
Vampiros	24
Vaqueros	25
Sombra	26
Rewind	27
Arraigo	28
Vasija	30
Niebla	31
Resaca	32
Piedad	33
Álbum	34
Altar	35
Sedimento	37
Bellas ficciones	39
Amanecer	40
6 a.m.	41
Plenitud	42
Recado	43
La raíz	44
Amor	46
Ceremonia	47

II	49
Turmerusa	50
Estos años	52
Valor	53
Ventisca	54
Travesía	55
Amu daria (caballo loco)	56
Alimento	57
Ojos	58
Mi derrota	59
Ceguera	60
White Rock Lake	61
Estoy sin luz pero no estoy ciega	62
Pacto	63
Misiva	64
La poesía	65
Cada vez sé nada de la poesía	66
El castor	67
Literales	68
Insight	69
Cientos	70
El guardián	71
III	73
Pertenencias	74
Renos	75
Tío Feli	76
Tío Leslie	78
Milín	79
Palabras para otra niña	80
En el chat	81
Jeff	82
Instantáneas	83
Hechizo	84
Domingo José	85

Graciela	86
Eugenio	87
Guillermo	88
Lejanas	89
Mellizos	91
Mariji	93
Moradas	94
Encuentro	95
La capa	96
Tímidos	97
Querido Rex	98
Lobita	99
Shamú	100
Nocturno	101
Amateur	102
Misada	103
El jardín	104
Diamante	105
Adolescencia	106
Expatriados	107
Aguaribay	108
Trasiego	109
Fogata	110
Chispas	111
La joya	112
Presentación del azul	113
Edad	116
Jauría	117
Impulso	118
Oración	119

COLECCIÓN VITRALES DE ALEJANDRÍA (POESÍA)

- *Vitrales de Alejandría*, antología poética
- *Sable* de Edda Armas (Premio Municipal de Poesía, 1995)
- *Sultani* de Abraham Abraham
- *Kikalia* de Marcia Ottaviani (Cuba)
- *Sueño de un día* de Luis Gerardo Mármol
- *Cuira* de Carmen Verde Arocha
- *El sonido y el sentido* de Carmelo Chillida
- *En caso de que todo falle* de Graciela Bonnet
- *Cantos hiperrealistas* de José Luis Ochoa
- *Sesión de endodoncia* de Marha Kornblith
- *Que nadie me pida que lo ame* de Alexis Romero
- *El ojo de la orca* de Blanca Elena Pantin
- *Entre objetos respirando* de Gina Saraceni
- *Los trabajos interminables* de María Antonieta Flores
- *El atlas de la memoria* de Toni Montesinos (España)
- *El linchamiento* de los caballos expósitos de Rolando Jorge (Cuba)
- *Sed* de Eleonora Requena
- *Canción del difunto* de Alejandro Suárez
- *Día de San José* de Erika Reginato
- *Umbría* de Rafael Courtoisie (Uruguay)
- *La mudanza* de Gabriela Rosas
- *Tánger* de Pia Pedersen
- *Memoria ovalada* de Enrique Moya (Austria)
- *La transparencia y el enigma* de Irma Huncal
- *Me muevo aparte de la noche* de Lilian Navarro
- *Vaivén* de Juan Liscano
- *Tatuaje* de Leonardo Padrón
- *Anochecí por dentro* de Blanca de González
- *Enseres* de Julio César Rossitto
- *Desconocida* de María Auxiliadora Chirinos
- *Las tintas del escriba* de Ángel Galindo
- *La jaula de la sibila* de Moraima Guanipa

- *Linaje de ofrenda* de Miguel Márquez
- *El hueso pélvico* de Yolanda Pantin
- *Sangre* de Anabelle Aguilar
- *Plexo solar* de Rafael Arráiz Lucca
- *Submundos* de Vladimir Vera
- *Riesgo de cercanía* de Jesús Alberto León
- *Cuadernos de bitácora* de Tobías Burghardt (Alemania)
- *Pirómana* de Rafael del Castillo Matamoros (Colombia)
- *Altos de las yeguas* de Antonio Trujillo
- *El idioma de las hormigas* de Wolfgang Ratz (Austria)
- *Ceniza inicial* de Gabriel Saldivia
- *Hendidura de agua* de Celsa Acosta Seco
- *Poemas in festus* de Edmundo Ramos
- *Quemaduras* de María Ramírez Delgado
- *Escurana* de Beverly Pérez Rego
- *La voz de mis hermanas* de María Antonieta Flores
- *Sin hábitos de pertenencias* de Gustavo Portella
- *a pie de la página* de Juan Carlos López Quintero
- *De- Lirio* de Mariela Casal
- *Soy el animal que creo, Antología* de Santos López
- *Entretejido* de Victoria Benarroch
- *Agosto interminable* de Gabriela Rosas
- *El país de los muertos* de Leonardo González-Alcalá
- *De cara al río* de Joaquín Ortega
- *Purgatorio* de Luis Gerardo Mármol
- *Gramática de piedras* de Ruth Hernández Boscán
- *Caballos hebreos* de Manuel Fihman
- *Talla de agua* de Douglas Gómez Barrueta
- *madera de orilla* de María Antonieta Flores
- *Ruinas vivas* de José Luis Ochoa
- *Castañas de confianza* de Geraldine Gutiérrez-Wienken
- *Los roces domésticos* de Otoniel Medina
- *Rumores* de Jacobo Penzo
- *En el jardín de Kori* de Carmen Verde Arocha

FUEGOS BAJO EL AGUA (ENSAYO)

- *Breve tratado de la noche* de Juan Carlos Santaella
- *Satisfacciones imaginarias I. Una indagación sobre lingüística y poética* de Francisco Javier Pérez
- *Vueltas a la Patria* de Rafael Arráiz Lucca
- *Satisfacciones imaginarias II. Indagaciones sobre lenguaje, literatura y música* de Francisco Javier Pérez
- *El Caribe tiene de nombre de mujer. Identidad cultural en la literatura del Caribe anglófono: Jean Rhys* de Corina Yoris-Villasana
- *La granja bella de la casa* de Elizabeth Schön
- *El coro de las voces solitarias* de Rafael Arráiz Lucca
- *Cuatro estaciones para Ungaretti* de Erika Reginato
- *Cómo editar y publicar un libro. El dilema del autor* de Carmen Verde Arocha

CATEDRAL SOLAR (ENTREVISTAS Y TESTIMONIOS)

- *Acercamientos a Alfredo Silva Estrada* de Chefi Borzacchini

EL FALSO CUADERNO (NARRATIVA)

- *Cuentos para gnomos* de Deyanira Díaz
- *Breviario del ocio* de Carmen Rosa Gómez
- *El mundo sin geometría* de Enrique Moya
- *Lucía* de Ligia Mujica de Tovar
- *Qué habrá sido de Herbert Marcurse* de Jacobo Penzo
- *Vieja Verde* de Alicia Freilich

EL PATIO DE LAS ANCÍZAR (DRAMATURGIA)

- *Lo escuché llorar en mi boca. Tríptico de Caracas* de Joaquín Ortega
- *Polvo de hormiga hembra* de Yoyiana Ahumada

SERIE LOS CUADERNOS DEL DESTIERRO

- *El libro de la tribu* de Santos López
- *Martha Kornblith. Obra completa*

COLECCIÓN AUTORES EMERGENTES

- *La memoria de los trenes* de Victoria Benarroch (POESÍA)
- *Bitácoras de mundos imposibles* de Saúl Rojas Blonval (NARRATIVA)
- *Ucronías. Ficciones Filosóficas* de George Galo (NARRATIVA)
- *Casa de Espejos* de María Consuelo Bianchi (POESÍA)

ECLEPSIDRA EN RED

- *Cómo editar y publicar un libro. El dilema del autor* de Carmen Verde Arocha
- *Bitácoras de mundos imposibles* de Saúl Rojas Blonval
- *En el jardín de Kori* de Carmen Verde Arocha
- *Ucronías. Ficciones Filosóficas* de George Galo
- *Plexo solar* de Rafael Arráiz Lucca
- *El hueso pélvico* de Yolanda Pantin

www.ingramcontent.com/pod-product-compliance
Lightning Source LLC
Chambersburg PA
CBHW071517040426
42444CB00008B/1685